EL REMOLCADOR

EL REMOLCADOR

EL REMOLCADOR

Michael Garland

¡Me gusta leer!™

HOLIDAY HOUSE • NEW YORK

A mi amigo Kevin Kearney

Copyright © 2014 by Michael Garland
All Rights Reserved
Spanish translation © 2021 by Holiday House Publishing, Inc.
Spanish translation by Maria A. Cabrera Arus
HOLIDAY HOUSE is registered in the U.S. Patent and Trademark Office.
Printed and Bound in July 2021 at Toppan Leefung, DongGuan City, China.
The artwork was created with graphite pencil and digital tools.
www.holidayhouse.com
First Spanish Language Edition
Originally published in English as *Tugboat*, part of the I Like to Read® series.
I Like to Read is a registered trademark of Holiday House Publishing, Inc.
1 3 5 7 9 10 8 6 4 2

Cataloging-in-Publication data is available from the Library of Congress

ISBN: 978-0-8234-5225-5 (Spanish paperback)

ÍNDICE

Comienza el día.
El remolcador descansa
en el muelle.

La tripulación sube
al remolcador.

El capitán toma el timón.
El pequeño barco está listo
para hacer grandes trabajos.

SEA KING

Un carguero puede cruzar el océano, pero necesita de un pequeño remolcador para poder llegar a puerto.

Un remolcador puede tirar de
una pesada barcaza llena
de carbón o petróleo.

Un remolcador puede empujar un hermoso crucero lleno de turistas.

Y un remolcador puede tirar
de una barcaza rebosante de
basura maloliente.
"¡Tápate la nariz!".

Un remolcador puede transportar piezas enormes para construir un nuevo puente. El remolcador es pequeño, pero su motor es potente.

Un remolcador puede trabajar en todo tipo de clima. Incluso durante una tormenta de nieve.

Los remolcadores pueden
tirar de fragatas.

¡Y cada 4 de julio, un remolcador traslada la barcaza desde donde se lanzan los fuegos artificiales!

El día termina.
El remolcador
descansa en
el muelle.

Barcaza: embarcación de fondo plano que transporta cosas pesadas.

Carguero: barco que transporta mercancías de una parte del mundo a otra.

Crucero: barco que transporta pasajeros.

Fragata: velero de gran tamaño.

Muelle: lugar donde atraca un barco cuando no está navegando.

Puerto: lugar donde los barcos cargan y descargan personas o mercancías.

Remolcador: embarcación pequeña que traslada barcos más grandes mediante un cable.

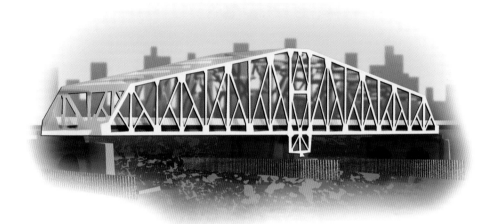

El puente de la avenida Willis cruza el río Harlem a su paso por la ciudad de Nueva York. Une los distritos del Bronx y Manhattan, y fue reconstruido en 2011. El tramo central del puente se construyó en Albany y se cargó en una barcaza. Un remolcador llevó la barcaza por el río Hudson desde Albany hasta la ciudad de Nueva York.

¡Me gusta leer!